Made in the USA
Las Vegas, NV
13 August 2024

93782781R00065